CATALOGUE

ESTAMPES

DE DIVERSES ÉCOLES

ET

PORTRAITS RARES

Le Tribunal révolutionnaire illustré, 4 superbes volumes

PIÈCES HISTORIQUES

DONT LA VENTE AURA LIEU

Après décès de M. COMBROUSE, amateur antiquaire

HOTEL DES COMMISSAIRES - PRISEURS

RUE DROUOT, 5, SALLE Nº 4

Le Samedi 10 Mai 1873

À UNE HEURE

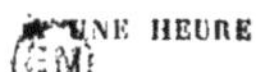

Mᵉ **DELBERGUE-CORMONT**, Commissaire-Priseur,
rue de Provence, 8,
Assisté de **M. VIGNÈRES**, Marchand d'Estampes,
rue de la Monnaie, 21 (ancien 13), à l'entre-sol.

EXPOSITION AVANT LA VENTE

PARIS — 1873

CONDITIONS DE LA VENTE

Elle sera faite au comptant.

Les Acquéreurs paieront CINQ POUR CENT en sus du prix d'adjudication, applicables aux frais.

M. VIGNÈRES, dirigeant la Vente, se charge des Commissions.

NOTA. Toute commission, sans prix fixé ou sans limite déterminée, sera regardée comme nulle.

M. VIGNÈRES se charge de faire marquer les prix aux Catalogues des Ventes qu'il a faites. Les personnes qui le désirent peuvent s'adresser à lui *franco*.

Plusieurs Amateurs éloignés en ont reconnu l'utilité pour les guider dans leurs achats sur les valeurs des Estampes.

Les Catalogues des Ventes à faire seront envoyés aux personnes qui en feront la demande *affranchie*.

AVIS. — Nous prions MM. les Amateurs éloignés de ne pas attendre au dernier jour, pour que les lettres arrivent le matin de la vente; ils comprendront que quelques lettres peuvent se lire, mais de 20 à 50 lettres, c'est difficile.

Choix de Catalogues avec prix marqués.

M. VIGNÈRES se charge des Commissions dans les Ventes de Livres et Estampes autres que les siennes.

Lecœur 3. Sensier 3   Varin 4   Marcotte.

Varin 8

CATALOGUE

ESTAMPES DE DIVERSES ÉCOLES

1 **Moyen âge**. Vue de l'abbaye du Paraclet, d'ap. *Bruandet*, in-fol. par *Picquenot*. — Tombeau d'Héloïse et Abélard. 2 p.   6 . 50 Vny

2 — Tombeaux, Statues, Fac-simile de manuscrits, sceaux, costumes, vitraux de la Sainte-Chapelle, ustensiles, broderies, crosse, vues de cloîtres, églises, etc., la plupart en chromolith. et rehaussé d'or. 55 p.   13

3 — Crucifix, avec roi en adoration, fac-simile d'une plaque émaillée. Magnifique chromo.   2

4 — Abbaye de Sainte-Geneviève, sa statue, vue, châsse, tombes de Clovis, etc. Statues de Saint-Germain-l'Auxerrois, église Saint-Germain-des-Prés, vitraux, tombe de Frédégonde, de Dagobert, église de Jouarre, près Meaux, diverses vues : Saint-Médard, de Soissons, Saint-Jean-des-Vignes, Saint-Denis, etc. 63 p. (Pourra être divisé).   12 . 50   5

5 — Mausolée de Jeanne-la-Folle, Goritz. Intérieurs d'églises, portiques, palais de Versailles. 10 p.   3 . 50

6 — Tombeau de Mme Langhanss, et autres de mère et enfant. 3 p.

6.50 7 — Vitrail de Cologne, abside. — Tableau de la Chartreuse de Bâle. — Autre à l'abbaye de Saint-Germain-des-Prés ; au fond sont l'Abbaye et le Louvre. 3 chromo. Superbe et rehaussé d'or. 8

3.50 8 — Statues, Vues, Plans, Églises, etc. 20 p.

9 — Tombeaux des princes d'Angleterre à Wetsminster, Statues de Tombeaux, aux Célestins, à Paris, Mausolée de Jean-sans-Peur ; plusieurs coloriés. 27 p.

3.50 10 — Dessins de Médailles et autres, ayant servi pour les gravures des ouvrages de *M. Combrouse* 7 p.

11 **Imitations de Miniatures** de manuscrits. Queen Margaret of Scotland avec un chevalier. — Autre Portrait. — The princess Elisabeth, fille d'Anne de Boleyn. — Sainte Agnès. 4 p. magnifiques de coloris.

12 — Christine de Pisan. — Masque de Charles VI, de France. Compositions coloriées magnifiques.

13 **Boilly** (D'après). Marche incroyable. Grand in-fol., par *Bonnefoy*. Superbe ép. avant la lettre, vente Leblond.

14 **Chardin** (D'ap.). Soubrette accrochant un cadre. Eau-forte, fac-similé de dessin, par *Jules Goncourt*, en bistre, rare.

15 **Costumes** d'Auvergne, de Vichy, etc., couleur. 7 p.

…wal, 100   Cusco 80

…perl. 12   Def. 20   Senicus 3.50   [illegible]

l'euro

Saf. 15   Rou[t]

17 Michel 1

M.D.C, 5   Dutch[?],

l'euro

Cuno 10   Laval. 3

M.d.C. 3   l'uno 8   Laval 2

M.d.C, 3

M.d.C, 4 Chaleu[r]

16 — Militaires de l'ouvrage de Marbot, et autres uniformes français. 13 p. coloriées. 10.50

17 **Decamps**. Arrêt de la Cour prévôtale, tiré de la Caricature. 2 Vig

18 **Flamen**. Vue de Bourg-la-Reine, du côté de Fontenay-aux-Roses. 1

19 **Fragonard** (D'ap.). Le Rideau, par *Mark*. Belle ép., gr. in-4. Marge. 9 Vig

20 **Gavarni**. La Loge d'avant-scène. — Derrière la coulisse. — L'Aveugle et sa Fille. 3 p. Très-belles. 2

21 **Gérard** (Mlle M.). M. Fanfan jouant avec M. Polichinelle et compagnie. Charmante eau-forte, d'ap. *Fragonard*. Avant la lettre. 14 Vig

22 **Gérôme** (D'ap.). Un Marché d'Esclaves, par *Courtry*. Sup. ép. sur chine. 5 Vig

23 **Girardet**. Camée de l'apothéose d'Auguste, sur chine. In-fol. 1 Vig

24 **Hedouin** (Ed.). d'ap. *Leleu*. La Consigne. Trois z'héros de 1848, près d'une barricade. Sup. ép. avant la lettre, sur chine. Très-belle eau-forte. 3

25 **Isabey**. Le Jeu de cartes au faubourg Saint-Germain. Scène de mœurs, coloriée. Lithog. rare. 19 Vig

26 **Lithographies**. Par Deveria, Maurin, etc. 4 p. 9 Vig

27 — Coloriées. Musée Omnibus, Clara, etc. 4 p. 3 Vig

28 **Parelle** (D'ap.). La Belle Jambe, par *Gilbert*. Jolie p. sanguine. In-fol. 4 Vig

29 **Prudhon** (D'ap.). La Volupté, par *Aubry-Le-comte*. Petit in-fol. sur chine. Superbe.

30 — L'Amour séduit l'Innocence, le Repentir suit. Par *Roger*. In-fol. Sup. ép. sur chine.

31 **Raffet**. Bataille de Fleurus, In-fol. (1826).

32 — Dernière charge des lanciers rouges, à Waterloo. Superbe ép. sur chine.

33 — C'est la grande revue qu'aux Champs-Élysées (1836).

34 — Le Réveil (1842). La caisse sonne étrange. Sur chine.

35 **Raffet** (D'ap.). Vignettes pour l'ouvrage sur la Révolution. Ép. sur chine, 14 et une autre. 15 p.

36 **Roger**. L'Innocence préfère l'amour à la richesse. D'ap. Mlle *Meyer*. Avant la lettre.

37 **Silvestre**. Vue de l'abbaye des religieuses de Longchamps. — Vue et perspective du devant de l'hôtel de Chevreuse, par Marot. 2 p.

38 **Vernet** (Horace). La Pièce en batterie. — La Veuve. Coloriée, et autres. Avant la lettre, ou sur papier de couleur. 13 p., par et d'après.

39 **Wattier**. Repas sous le Directoire, d'ap. le tableau de *Lemoine*. Lithog. extrêmement rare.

40 ZIER (1853). Vierge et Jésus. Beau DESSIN in-fol. au crayon noir.

41 **Vignettes** tirées des révolutions de Paris et autres de l'époque. 14 p. in-8.

42 — Diverses ayant rapport à Louis XVI et Marie-Antoinette, fac-simile de lettres. Divers objets leur ayant appartenu. 20 p. in-8.

ro 6.

wal. 30   Cusco 15   Darwo 12 .

u. d. c. 2.

u. d. P. 2.

u. d. c. 6.

schei 12.   u d. C. 4.

u d. ch. 8.

f. 6.

Lucas 25   Tellier 300   Def. 100   Chinu 6

43 — Le Temple. Vues anciennes et modernes.   *4*
Cimetière de la Madeleine, etc. 9 p.

44 — D'après Scheffer pour l'histoire de la Révo-   *8 . 50*
lution. 14 p. in-8.

45 **Le Tribunal révolutionnaire de Paris,**   *140*   *Vig*
suivi de la liste complète des personnes qui out
comparu devant le Tribunal. 2 vol. Texte in-8.
Paris, Plon, 1866; dem.-rel. dos et coins maroq.
rouge, nerf doré en tête. — Atlas contenant :
Vignettes d'après Raffet, Portraits des Célébrités,
Delaunay en bistre par Chenon, Bonneville,
Dejabin et autres. 182 p. et nombre de fac-
simile. 2 vol. in-4, demi-rel. dos et coins maroq. rouge nerfs (Heldt). 4 magnifiques volumes. Plusieurs Portraits rares.

46 **Pièces historiques** 1792. Empire, diverses   *3 . 50*
batailles, par Grenier, Hanau, 20 mars 1815
avant la lettre. Sainte-Hélène. 10 p. in-fol.
gravées et lithog.

47 — 10 août, Champ-de-Mars, 5 mai, eau-forte,   *1 . 50*
par *Girardet.* Superbe. — Pont-d'Arcole 1830.—
Rue Saint-Antoine. 2 p., par *Charlet,* 8 p.

48 — Le jeune Patriote. Scène où se trouvent Louis   *3*
XVI, le Dauphin, etc. Très-rare petit in-fol.

49 **Pièces historiques** sur la Révoluton, 1793.   *6*
Supplice de Louis XVI et autres. Têtes de lettres
avec signature de Berthier et autres. Assignats,
avec les portraits de Louis XVI et Louis XVII.
46 p.

50 — Et Portraits de personnages du jour, sur   *1*
bois coupés de journaux, 14 p.

PORTRAITS

51 **Armandine.** Les Premières roses, d'ap. *Chaplin*, lithog., par *Cel. Nanteuil*, in-fol., relevée de couleur.

52 **Artois.** Costume du Colonel comte d', en pied, par *Dupin*.

53 — Marie-Thérèse Comtesse. Petit in-fol, par *Cathelin*, d'ap. *Drouais*. Très-belle ép.

54 **Autriche** (Marguerite d'). Vitrail du Cœur de N.-D.-de-Brou. Grand in-fol. Chromolith.

55 **Barbantane** (Mme la Marquise de) en pied, grand in-fol. sur chine, lithog. par *Grevedon*.

56 **Blanc** (Louis). Grand in-8, par *François* d'ap. *Mercuri*. Très-belle ép. sur chine.

57 **Bohemer**, Delamotte, Delatour, Bette, 4 personnes qui ont figuré dans l'affaire du collier.

58 **Bourbon.** Maria-Clotilde-Adélaïde Saveria, reine de Sardaigne. in-4. *Andrea Pozzi delin*. De la plus grande rareté. Superbe ép.

59 — M. A. Cl. Xavière de France, princesse de Piémont, grand in-8, par *Housman* d'ap. *Renold*. Superbe ép. Marge, fac-simile d'une lettre 2 p.

60 — Madame Victoire-Louise-Marie-Thérèse de France. Grand in-8, par *Lebeau*. Superbe ép. rarissime. Marge.

our 3.50

cole 2 50

tch. 6, lecus 1.50 M.d.C. 3.

Nour 5.50

Nour 7

Rot,

Michel.

M.D.C. le Maur 3.

70 — Madame Louise-Marie de France à genoux et priant, par *Gaucher*. D'une grande rareté, avec deux vers :
Par ton exemple échauffe, instruit les cœurs.   16

71 — Mme L. M. de France, religieuse-carmélite, grand in-8, par *Lebeau* d'ap. *Queverdo*. Superbe épreuve,   5

72 — Madame Adélaïde, en pied. — Mme Sophie. 2 p. tirées des galeries de Versailles.   2

73 — Louise-Marie-Thérèse-Bathilde d'Orléans, duchesse de Bourbon, morte en 1821 ; grand in-8, par *Lebeau*, d'ap. *Lenoir*. Superbe ép. Très-rare. — Louis-Henri-Joseph de Bourbon-Condé, grand in-8, par *Lebeau*, d'ap. *Lenoir*, dernier des Condé, mort en 1830. Superbe ép. Rare. 2 p.   12

74 — L. H. J. de Bourbon-Condé. Statue en pied. — Son Père. — Son Fils, le duc d'Enghien. 4 p. in-8.   1

75 **Bourbon**. Le dernier duc, mort en 1830 ; in-fol, par *Pedretti*. Avant la lettre, sur chine.   4

76 — Henri. IV — Louis XV. — Louis XVIII. — Charles X, par *Audouin*. — Duchesse d'Angoulême. 10 p. différents formats.   5

77 — Duc de Berry. — Louvel dans sa prison. — Duchesse de Berry, par *Audouin* et autres. — Premières armes du duc de Bordeaux, coloriée. Rare. — Comte de Chambord. — Sa Femme. — Sa Sœur. 10 p.   9

78 **Bourgogne** (Duc de) étant encore très-jeune ; in-8, par *Beauvarlet*, d'ap. *Fredou*. Charmant portrait. Superbe ép. Rare.   5 . 50

79 **Calonne** (De) Ministre. DESSIN in-8, à l'encre de chine, par *Baudet-Bauderval.*— Caricature 1787. Calonne cuisinier. Reproduction, in-4. 2 p.

80 **Caroline**, reine de Naples; grand in-8, par *Boutelou* 1786, en bistre. Superbe ép. Rare.

81 **Castiglione** (Comtesse de) 1856. Lithog., par *Alophe*, d'ap. la photographie de Mayer et Pierson ; in-4, chine. Rare.

82 **Charette** tenant une épée, coiffé d'un chapeau à plumes. Quatre vers au bas ; in-8. Grande marge. Très-rare. Superbe.

83 **Charles II** roi d'Espagne. DESSIN à la mine de plomb, par *Sandoz*, pour la gravure de la collection, les galeries de Versailles.

84 **Cléry** (J.-B.) dernier serviteur de Louis XVI ; in-4 en bistre, par *Audinet*. Superbe ép. Rare. — Louis Hannet Cléry, ancien valet de chambre de Mme Royale, lithog. in-8. Rare. — Cléry à la Force. — Son Tombeau. — Fac-simile de la lettre de Pétion au sujet de Cléry.

85 **Conty**. Marie-Anne de Bourbon, douairière ; in-4, par *Larmessin*. Superbe ép. Rare.

86 —Fortunée-Marie d'Est princesse. Médaillon avec le revers, vue intérieure de l'église Saint-Chaumont 1781. Portrait, par *Saint-Aubin*, d'ap. *Cochin*. Superbe ép. in-8. Marge. Rare.

87 **Corday** (Charlotte) in-8, par *Lips*. Superbe ép. Rare.

ousine 14, Def. 10.

ichel 7.

... 25   Michel 9. Herb. 10. Noë 17

ignerol 11.

.D.C. 3. Herbin 12.

ussier 10   Mone 6.50 Nicol 8, Herbin 10.

urvo 6. Mone 3.

ef. 10.   ussier 6 Mone 5 M.D.C. 3

(325e)

VENTE

Le Samedi 10 Mai 1873, à 4 heures

SALLE N° 4

---

1 **Aloja.** Recueil de vues de Naples et environs. Cahier de 25 p. petit in-fol.

2 — Costumes italiens. In-fol. des Abruzzes, etc. 37 p. Toute marge.

3 **Adam** (Victor). Sujets de chasse, Costumes militaires russes, etc. 20 p.

4 **Boilly** (D'ap.). Il dort. In-fol., par Texier. Très-belle ép. Marge.

5 Eaux-fortes diverses, Callot, Castiglione, Saint-Aubin, etc. 9 p.

6 **Lebrun** (D'ap.). Siége de Douai, Siége de Tournay, Renouvellement d'alliance avec les Suisses, et autres. 5 p. des tapisseries de Versailles. Toute marge.

7 **Pastelot.** Eaux-fortes, Sujets de sorcières, et par divers autres. 8 p.

8 Portraits de femmes célèbres, etc. 12 p.

9 Diverses écoles, Sujets divers. 10 p.

4   10 Sujets divers, Portraits lithographiés, Costumes   *Fepous*
sur bois, d'ap. Gavarni, Johannot, Fragonard,
Wattier, Oiseaux, etc. 77 p.

11 ÉCHARD. Tête de profil de saint Antoine, grandeur naturelle. Crayon lavé.

1   12 ÉCOLE ITALIENNE. Dessins divers. 6 p.

2.50   13 FRITZICH. Vases et Corbeille de fleurs. Bistre
et encre de Chine. 3 p. in-fol.

14 **Regnault** (Attribué à). Étude pour l'exécuteur.
Crayon noir.

15 ROSEMBERG. Paysages à l'encre et gouache.
3 p.

16 TEXIER. Canards et autres Dessins à la plume,
Costumes militaires. 7 p.

7   17 DESSINS au bistre, Sujets religieux, Paysages.
15 p.

18 — à la sanguine, Paysages, Têtes, Études, etc.
4.50   12 p.

19 — à la mine de plomb, Paysages de Calette et
autres, Études de chevaux, Têtes. 16 p.

Vig 10   20 — Aquarelles, Gouaches, Paysages. 6 p.

Vig 13   21 — Paysages, Fabriques, etc., Aquarelles. 18 p.

9   22 — Paysages à la sépia. 10 p.

Vig 8.50   23 — Études académiques de femmes, Sujets gracieux, Joseph et la Femme de Putiphar. 12 p.

[illegible]   10
[illegible]   16
[illegible]   8
[illegible].   12,   M.D.C.   8.

26

Laport. 1

. Laport 1

24 — Sujets religieux et autres. A l'encre de Chine et aquarelles. 19 p. *avec le 26*   o

25 — Paysages à l'encre de Chine. 13 p.   4 . 50

26 — Paysages au crayon noir. 9 p.   1

27 — Portraits et Têtes au crayon. 26 p.   1

28 — Études de mains, têtes, pieds, etc. 33 p.   6 . 50

29 — Compositions diverses, crayon noir. 32 p.   3

30 — Études de bœufs italiens et autres Dessins. Crayon et encre. 14 p.

31 — Sujets divers à l'encre de Chine. 15 p.   3

32 — Académies, Têtes, Bras, Jambes, Portraits de Rembrandt, Raphaël, etc., par Hallé, Misbach, Verdier. 30 p.   3

SUPPLÉMENT

33 **Chromolithographie**. Saint Ferdinand, roi (Vitrail en couleur de la chapelle), c'est le portrait du duc d'Orléans. Superbe ép.   2

34 **Photographies**. Mater Dolorosa, Ecce homo, Vierge. 8 p.   1 . 50

35 **Sudre**. La Chapelle Sixtine, d'ap. Ingres. Lithographie très-grand in-fol. Très-belle ép. avant la lettre sur blanc.   10 . 50

2   36 — Roger et Angélique. Très-belle ép. sur Chine. *Sudre*
            Le titre en anglaise.

1   37 — Tête d'Odalisque, grandeur naturelle, d'ap.
            Ingres. Superbe ép. sur Chine.

2 . 5o   38 Vues de Suisse. In-4, 30 p., par *Deroy*.   *Springer*

2 . 5o   39 Vues de Savoie. In-4, 30 p., par *Deroy*.

2   40 Pièces tirées de la Caricature, par Grandville. *Chauen*
            6 p. grand format.

    41 **Etudes** de Dessin, principes gravés et litho-   ✗
            graphiés. 20 p.

5   42 **Portraits** d'acteurs et d'actrices, gravés et   ✗
            lithographiés. 92 p.

            112

Ves Renou, Maulde et Cock, imprs de la Cie des Commissaires-Priseurs, rue de Rivoli, 144.   31303

Jenus 2(

Def. 20

M.d.C, 5   Jenvier 14

Mour 5. Veya 5   Rot 12

Voyds 4 ·

Mour 1.

31   88 **Coypel** (Madame). La Jeunesse sous les habil-   3 9
lements de la Décrépitude, par *R. E. Marlié
Lépicié* 1751 ; in-fol. Magnifique ép. Grande
marge. Venant de la vente Leblond.

89. **Drouet**. Maître de la poste à Varennes, petit   22
profil, par *Tyroff*. De la plus grande rareté.

90. **Du Barry** (Mme la Comtesse). Petit Médaillon   10
entouré de roses, d'ap. *Drouais*, par *Gaucher*.
Très-belle ép. in-8. Marge in-4.

91 — Ovale, par *Condé*, d'ap. *Cosway*, publié à   27
Londres en 1794 ; in-8. Charmant portrait d'une
grande rareté. Superbe ép.

92 **Edgeworth** de Fermont, abbé confesseur de   14
Louis XVI ; in-8, par *Cardon*, d'ap. *de Saint-
Aubin*. Superbe ép. Grande marge. Publié à
Londres en 1800. Rarissime.

10   93 **Elisabeth**. Philippe-Marie-Hélène de France,   6 . 50
grand in-8 ; profil, par *Lebeau*, d'ap. *Fontaine*.
Superbe ép. Marge. Rare.

94 — Philippine M. H. de France ; in-4, par *Bouil-   2 . 50
lard*, d'ap. Mme *Guiard*.

95 — Apothéose. Médaillon in-4. Toute marge.   1
Rare.

96 — De France. Très-petit médaillon sur un tom-   2
beau. Le temps a brisé sa faux. Petite p. Rare.
Remargée.

97 — Gravée par *Morse* et autres, lithog. Fac-simile   8
de lettres. Acte d'accusation et le Portrait de
Fouquier-Tainville, etc. 15 p.

Vig 6   98 **Galigaï** (Eléonore). Femme du Maréchal d'Ancre; in-4. Tiré d'un livre italien, avec texte au revers. Très-rare.

Vig 3 5   99 **Lafayette** (Louise-Angélique de) in-8, par *Moncornet*. Superbe ép. Très-rare.

Vig 4   100 — Le général, in-fol., par *Geille*, sur chine.

Vig 5   101 **Lafitte** (Florence). Baronne Erlanger, queen of beauty, en pied. Grand in-fol., lithog. par *Desmaisons*.

Vig 3   102 **Lamballe**, prince, étant très-jeune. AQUARELLE grand in-8, par *Baudet*, d'ap. le tableau à Versailles. — Mme la princesse Lamballe, par *Weber*. 2 p.

Vig 4   103 **Lamoignon-Malesherbes**. In-8, par *Gaucher*. Superbe ép. Marge.

4   104 **La Mothe-Saint-Herem** (Mlle de), pensionnaire de l'abbaye de Melun, et devint la princesse de Montbarrey. A L'HUILE, SUR TOILE.

5   105 **Lamotte** (Mme de), M. de la Motte, qui furent tous deux dans l'affaire du Collier. 2 p. grand in-8. Marge.

1   106 **Lastic** de Saisseval (Mme), née Montesquieu. In-4, par *Butavant*, sur chine. Très-rare.

Vig 1.50   107 **Lelouchier** (Anne-Françoise), comtesse d'Arco. In-fol., par *Vermeulen*.

Vig 6   108 **Lomenie de Brienne**, archevêque de Toulouse, ministre d'État. In-4 en couleur, par *Janinet*. Superbe ép. Rare.

2   109 **Louis**, dauphin, né en 1729. — Marie-Thérèse d'Espagne, dauphine. 2 p. in-4, par *Wille*.

... 5 ...

...gn. 36   Nuur 10,   chaleg 150.

...f. 16.   chaleg. 2.
...f 10.

...itut 7.

...aur 3.50   Nual. 2 50

...our 3.   lauur 2   M. d. C. 2.

...ot 12   Nour 5.50   Nual. 3.

Illume 2

Def. 10   Auger 20

110 **Louis XVI**, l'infortuné, dans le costume
pendant sa détention. In-8, par *Bartolozzi*, d'ap.
Violet. Publié à Londres, 1793. En bistre.
Grande marge. Rarissime. 5

111 — Monarque juste et bienfaisant, en pied, par
Dupin, d'ap. *Leclerc*. Petit in-fol. 5

112 — Vœu et Prière, surmontés du portrait. In-4.
Rare. 2

113 — Adieux de Louis XVI à sa famille. Petite pièce
ronde in-8, avant toute lettre, gravée avec la
plus grande finesse. Chine volant. 1.50

114 — Le Profil de Louis XVI saisit à la gorge un
sans-culotte. In-4. Très-belle ép. 1

115 — Allégorie. La France tenant deux médaillons.
Pièce relative à la naissance du dauphin. In-4,
par *Pruneau*. 1

116 — Témoigne sa reconnaissance à ses fidèles
amis. Vignette. Grand in-8. Rare. Superbe. 1 1.50

117 — La reine, Mme Élisabeth et les enfants dans le
jardin des Tuileries. In-8, avant toute lettre.
Rare. 2.50

118 **Louis, dauphin** (XVII). Fac-simile d'un
bon de 50 livres. Épreuve unique, sur vélin.
In-4, avec son médaillon. 9

119 — Portraits, par *Hourdain*, en bistre rare; par
Claessens, avec des larmes aux angles; par *Coupé*,
Roger; et le chien Coco. 5 p. in-8. 6

120 **Ludre** (Mme de), en pied, par *Wolffgang*. 4

121 **Maintenon** (Mme de), à genoux sur un cous-
sin. Petit in-fol. Chez *Mariette*. Superbe ép.
Marge. 12

Vig 2 5   122 — Son appartement au château de Fontaine-bleau. Charmant DESSIN in-8, lavé de bistre.

Vig 1 2   123 Costumes de dame religieuse de Saint-Cyr. — Demoiselle de la 1re, 2e, 3e et 4e classe. 5 p. Petit in-fol. Superbes ép. Marge.

Vig 3   124 **Marie-Anne**, fille de Louis XIV et de Mlle de La Vallière, devint princesse de Conti. In-4, par *Larmessin*. Superbe ép.

2 9   125 **Marie-Antoinette** étant jeune. 15 ans? In-fol., par *Cathelin*, d'ap. *Fredou*. Magnifique ép., avant toute lettre. Marge. D'une grande rareté.

1 9   126 — Reine de France, peinte par *Boze* en 1785, et gravée en 1814 par *Miger*. In-fol. Très-belle ép. Très-rare.

3   127 — Grand in-4, par *Fritsch*, d'ap. *Wagenschen*, 1770. Très-belle ép. Rare.

Vig 4   128 — Grand in-8, par *Voyez*, d'ap. *Vanloo*. Superbe ép. Marge.

Vig 2 0   129 — In-4, par *Wartell*. Profil avec haute coiffure avec plumes. Très-belle ép. Rare.

8 . 50   130 — In-8, par *Bartolozzi*, d'ap. *Violet*. Très-belle ép. Lettre grise. Publié à Londres, 1790. D'une grande rareté.

Vig 3   131 — En pied, en grand costume, d'ap. *Moreau*, par *Duflos* ? — La même contre-partie, par *Pauquet*. Avant la lettre, chine. 2 p. Très-belles.

1 . 50   132 — A la Conciergerie. Buste in-4, par *Prieur*, en veuve.

9   133 — En Veuve. Profil. Médaillon in-8, par *Legoux*. Très-belle ép. Marge, in-4. Rare.

egi 40

ug 50

ewo 6

pert. 18.

aut 5

u 20 Mout 5

pt 6.

134 — in-8, par *Bertonnier*. Avant la lettre. Chine
et autre. Adieux à sa fille. Petite p. rarissime.
Allégorie, fac-simile de croquis de David. Lors-
qu'elle est conduite au supplice. Sur l'échafaud.
Lettres fac-simile. 8 p.   3

135 — et Louis XVI. 2 petits médaillons, de profil,
dans l'encadrement du discours du Roi, le
5 mai 1789, pour l'ouverture des États-géné-
raux. Imp. de Didot l'aîné. Pièce in-fol. sur
satin. Rarissime. Collection de Lajariette.   28

136 — **Famille royale de France**. Gr. in-fol.
par *Mariano Bovi*. Le chirurgien Brunier panse
la jambe de Madame Royale, Mme Élisabeth et le
Dauphin aident au pansement, la reine est
absorbée dans sa douleur, les officiers munici-
paux sont présents. Superbe pièce du plus haut
intérêt et de la plus grande rareté.   70

137 — Reproduction in-8, par *Duchez*. Tiré du
journal de Cléry. — Photographie gr. in-8, d'ap.
l'estampe originale. 2 p.   3

138 — Marie-Anne, sœur de Marie-Antoinette. —
Marie-Christine. — Marie-Thérèse, sa nièce.
3 p. par *J. Adam*. Belles ép. in-8.   4 . 50

139 — Pièces où sont représentés Louis XVI au
temple, sa communion, séance et lit de jus-
tice, etc. 12 p. in-8:   5 . 50

140 **Marie-Leczinska**, reine de France. Grand
in-8, par *Duponchelle*, d'ap. *Nattier*. Superbe ép.
Grande marge.   7 . 50

2 5   141 **Marie-Thérèse** Charlotte, de France. Grand in-4 en couleur, par *Mechel*. Magnifique ép. Marge. Rare.

1   142 — Dans son berceau. Petit médaillon équarri, avec 4 vers. Petite pièce in-8, gravée sous la direction de *M. David*. Rare.

3   143 — Allégorie relative à sa naissance. In-4, par *Chapuy*. Belle ép.

2   144 — Dessinée au télescope, d'après nature, 1795. Au temple. Ovale, in-4. Très-belle ép. Lettre grise.

4.50   145 — Duchesse d'Angoulême. Ovale, grand in-8 en couleur, par *Levachez*. Sup. ép. Marge. Rare.

4.50   146 — par *Bonneville, Morse*. Fac-simile de lettres, Scènes historiques relatives. 6 p. in-8.

2.50   147 **Marquise** (Mlle) en Diane, d'après le buste en marbre. Joli DESSIN au crayon noir.

2   148 **Mogador** (Céleste), comtesse de Chabrillant, dansant la polka. — Frisette à mi-corps, par *Alophe*, et autre. — 3 p. lithog.

3 2   149 **Mouchy** (Madame de...), en habit de bal, in-fol., par *Surugue*, 1746, d'ap. Coypel. Superbe ép. Grande marge.

6   150 **Napoléon Ier**, Marie-Louise, Napoléon II, Napoléon III en pied, Eugénie, la première Consigne, etc. 7 p.

10.50   151 **Necker**, in-4. en couleur, par *Sergent*. Sans marge. Très-belle ép.

2   152 **Orléans** (Famille d'). L.-P.-Joseph, sa Femme et ses Enfants. Mlle de Penthièvre. La duchesse douairière. 3 p. Grand in-8 et in-4.

wat 20 Semi... 10.

ensur 6

acat.

no 10 Def. 10. Nicol 2,50. M. J. E. 2

De. 8.

Nour 2

Choley. 2.50   Sennir 15   Michel.

M.d.C. 3.   Choley 2   Nour 7   Michel 7   Rot
                         Def. 15   Curo 20   Laval

Michel 1

M.d.C. 4   Def. 8   Michel 7

153 **Orléans.** L.-M.-Ad. de Bourbon-Penthièvre, duchesse douairière, mère de Louis-Philippe Iᵉʳ, in-4, par *Mécou*. 2 Vig

154 — Louis-Philippe Iᵉʳ. — Marie-Amélie. 2 portraits en pied, par *Hopwood*, petit in-fol. 2

155 — S. A. R. le comte de Paris, tirant son premier coup de canon, 1843. — Avec sa Mère. — Mort du duc Ferdinand. 3 p. 1

156 — Louis-Philippe Iᵉʳ, par *Pannier*, par *Hopwood*, — Marie-Amélie. 3 p. in-8. 1 Vig

157 **Osmond** (Mᵐᵉ la comtesse d') in-4 lithog., par *Isabey*, 1820. Superbe ép. chine. 2 Vig

158 **Polignac** (duchesse de). Irlande de Polastron 1787, in-8, par le *comte de Paroy*. Elle chante et s'accompagne sur le piano. Charmante petite p. Très-rare. 18

159 — Peinte de mémoire, par Mᵐᵉ *Lebrun* et gravée à Vienne, par *Fisher* 1794, in-4. Rare. 8 Vig

160 **Pompadour** (Mᵐᵉ de) jouant de la harpe dans le rôle de Roxelane in-8. Presque au trait. Tres-rare; en pied, par *Pauquet*. Avant la lettre. Chine. 2 p. 21 Vig

161 **Prony** (Marie de) née La Poix de Freminville, lithog. petit in-fol., par *Aubry-le-Comte* 1822. Superbe ép. sur chine. 1

162 **Provence** (Comtesse de). In-4, par *Cathelin*. Belle ép. 3

163 **Rebecque** Princesse de Montmorency Baronne, ennemie de Voltaire, à ses derniers moments, in-4, par *Saint-Aubin*. Très-rare. 21

164 **Récamier** (Madame). 4 portraits différents. 8 Vig

5   163 **Robespierre.** *Législateur incorruptible* est au-dessus du médaillon ovale, manière noire, in-8, chez *Villeneuve*. Rarissime.

Vig   3   166 **Robert - Duménil**, ex-notaire, amateur d'Estampes, auteur du peintre-graveur français, en 8 vol. Belle eau-forte, par *Chabanne* 1837.

Vig   8   167 **Rohan** (Cardinal de) qui fut dans l'affaire du Collier. 2 p. grand in-8, par *Devere, Dupin fils*. Très-belles ép. Marge.

Vig   2   168 **Roland** (Madame), par *Dien*. Avant la lettre et autres. 3 p. in-8 et in-4.

Vig   3 0   169 **Rothschild** (The Baroness Alphonse de). Manière noire, in-fol., par *Bellin*. Superbe.

Vig   3   170 **Sand** (Georges) in-4. Manière noire, par *Desmadryl*, d'ap. *Charpentier*, sur chine et autre, 2 p.

Vig   2   171 **Sévigné** Henri, marquis.—Charles, marquis. 2 p. in-8, par *Dien*. Superbes ép. Rares.

Vig   7   172 **Staël** (Mme de) in-4., par *Bouvier*. Médaillon in-4. Avant la lettre. Rare.

Vig   3   173 **Stuart** (Marie) in-8, par *West*. Très-belle. Rare.

Vig   5   174 — Trois médailles. — Grand médaillon ovale, avec François II au revers. 2 superbes ép. sur chine. Pièces très-rares faisant partie de l'ouvrage de *M. Combrouse*.

Vig   7   175 — En couleur, par *Riffaut*, fac-simile ép. de Souscription, in-fol. Superbe.

Vig   3 7   176 **Tallien** (Mme) assise, in-fol, par *Masquerier*, d'ap. *Bond*. Cette belle pièce est d'une grande rareté. Publié à Londres en 1803.

Nicol 2 50   Hearder 3.

ydr 7.   Def. 10.   Mour 3. 50

Def 2.

Def. 20.   EB. 60

Mour 1.50   Nicol 2 50   M. D. C. 5

dr 5   Def. 10.   Mour 3 50   M. D. C. 6.

M. D. C. 3.

tch. 20

tj 10   Mour 3 50   .

al. 40   Inno 20   Michel 17   Def. 30.   Mour 10.

Sennin 6   Def. 10   Veyds

Lign. 16.   Cnes 5   Lapest.

Mour 2

Duples 25,   Sennin 16   Lapest. 1

Hustey 15   Cnen 2

M. d. e   5

Lapest. 28

@. 200

177 **Turgot** (A. R. J.), ministre d'État et contrô- 7 *Vig*
leur général, par *Watelet*, in-4. Superbe. Rare.
Marge.

178 **Valois** (Marguerite de), reine de Navarre, 11 *Vig*
sœur de François 1er, in-8 sur bois. Très-rare.
Sans texte au revers.

179 **Vergennes** (comte de), in-12, par Gaucher. 2 *Vig*
Marge, in-8. Superbe ép.

180 **Vittoria d'Albano**. Manière noire, par 13
H. *Cousins*, d'ap. *Horace Vernet*. Superbe ép.

181 WILLE. Portrait de Mme Wille. Croquis au crayon 21 *Vig*
noir. Charmant DESSIN.

182 **Femmes célèbres** : La Vallière — Châ- 16 *Vig*
teauroux — Du Barry — Pompadour. 4 p. par
Ceroni. Superbes épreuves avant toute lettre, sur
chine. Tirage in-4.

183 — Marie Leczinska — comtesse Du Barry — 8.50 *Vig*
Chateauroux — Mme de Vintimille. 4 p. par
Ceroni. Ép. d'essai tirées à un très-petit nombre
d'ép., avant toute lettre en rouge, format très
grand in-8.

184 — La Vallière, Montespan, Fontanges, Main- 9 *Vig*
tenon. Quatre petits médaillons, entourés de
perles, réunis par des guirlandes de fleurs. Jolie
AQUARELLE in-8, par *Baudet-Bauderval*.

185 — Mesdames Louise, Adélaïde, Clotilde, 10
Victoire, Élisabeth, et duchesse d'Angoulême.
6 médaillons réunis par des lis et des palmes.
DESSIN à la sépia, fait en 1815. Original de la
gravure. Petit in-fol.

*La jeune fille et les tourterelles sur porcelaine 0
encadré*

5.50 — 186 — Saintes Femmes, Oda en pied (c'est Marie de Médicis), Begge, Fare Burgundo et autres. 5 p.

10.50 — 187 — Femmes célèbres, gravées et lithog. 29 p.

Vig 5.50 — 188 **Portraits** de Médecins et Représentants. 5 p. lithog.

Vig 6 — 189 — Actrices : Mlle Georges — Adelina Patti — Rachel. 3 p. gr. in-8.

5.50 — 190 — Députés : Barnave — Buzot. 2 portraits in-8 en couleur, par *Vérité.*

Vig 8 — 191 — Maupeou, Maurepas, Broglie, Penthièvre, Mirabeau. 5 p. gr. in-8.

3 — 30

Vig 13 — 192 — Personnages de l'époque de la Révolution, Empire et Contemporains. 60 p. grav. et lithog. 2 lots. — 30

Vig 13 — 193 **Condamnés**. La Brinvilliers, DESSIN sanguine par *Baudet*; La Voisin, caricature; Louvel, Maingrat, Alibaud, etc., et pièces diverses. 14 p. in-8.

5 — 194 **Catalogues** de ventes. 1856 à 1859 — 1861 — de la Jarriette et autres, 1861 — Parguez, 1861. 4 vol., dem.-rel. Il y a des annotations et des prix.

4 — 195 — De Lasalle, Rebillot, Leroux de Lincy. — Appendice et tables du catalogue Leroux de Lincy. Vente du baron d'Henneville, Gilbert. 2 vol., dem.-rel. Des annotations et des prix.

Vig 2 — 196 — 4 Portefeuilles de la Collection.

3 — (Autographes d'acteurs Hervey   1. vol. ½ rel.
(—————— Baron de Tremont 1. Supl. 2e Supl. ½ rel.

Ve RENOU, MAULDE et COCK, imprs de la Cie des Commissaires-Priseurs, rue de Rivoli, 144.   31303

2.50 (Greuze mémoire Tableaux ½ relu..
(Estampes 1869-1870. Roll, Leblond, Maisseau ½

Vig 2   Villenave 1858-1860 ½

Vig 1.50 { Gal. Pourtalès 3 }
{ allègre 1 } 6 brochures
{ Pécard 1 }
{ Gihaut 1 }

4   1 portefeuille toile

Vig 3.50 2 portefeuilles

Hour 5.50   M. . . C. 6
.... 12

.... 10   Nicol. 5.   M.3.Ch. 3

Hour 4.50

Hour 10.

. . C. 15   Herb. 12.

57	Étranger	4	15
540	France, Banlieue a 7. Paris nouveau etc	37	80
152	Lasquien	7	..
		48	95

1	Grande f^lle montage n° 13	50	
1	× f^lle ordinaire	25	
38	1/2 feuille a 15	5	70

Environ 20. Montage
sur le papier de la vente

4	Mains chemises	6	..
	Transport a l'hôtel	2	50
	Honoraires reçu de Mr Coulbronne 5/	83	70

Sur 1694.   147   60

Supplement

payé	Année 77 rue des Martyrs	4	50	1	60	2	90
payé	Trepoux 6 rue de l'Écluse 17. Arrond	99	50	34	85	64	65
payé	Sudre 48 rue Cardinal Lemoine	17		5	95	11	05
payé	Springer	5		1	75	3	25
	JEV	5		1	75	3	25
	Chauvet	2		70		1	30
		133		46	60	86	40

177 **Turgot** (A. R. J.), ministre d'État et contrô-
leur général, par *Watelet*, in-4. Superbe. Rare.
Marge.

178 **Valois** (Marguerite de), reine de Navarre,
sœur de François Ier, in-8 sur bois. Très-rare.
Sans texte au revers.

179 **Vergennes** (comte de), in- 12, par Gaucher.
Marge, in-8. Superbe ép.

180 **Vittoria d'Albano.** Manière noire, par
H. Cousins, d'ap. *Horace Vernet*. Superbe ép.

181 WILLE. Portrait de Mme Wille. Croquis au crayon
noir. Charmant DESSIN.

182 **Femmes célèbres** : La Vallière — Châ-
teauroux — Du Barry — Pompadour. 4 p. par
Ceroni. Superbes épreuves avant toute lettre, sur
chine. Tirage in-4.

183 — Marie Leczinska — comtesse Du Barry —
Chateauroux — Mme de Vintimille. 4 p. par
Ceroni. Ép. d'essai tirées à un très-petit nombre
d'ép., avant toute lettre en rouge, format très-
grand in-8.

184 — La Vallière, Montespan, Fontanges, Maintenon. Quatre petits médaillons, entourés de
perles, réunis par des guirlandes de fleurs. Jolie
AQUARELLE in-8, par *Baudet-Bauderval*.

185 — Mesdames Louise, Adélaïde, Clotilde ,
Victoire, Élisabeth, et duchesse d'Angoulême.
6 médaillons réunis par des lis et des palmes.
DESSIN à la sépia, fait en 1815. Original de la
gravure. Petit in-fol.

186 — Saintes Femmes, Oda en pied (c'est Marie de
Médicis), Begge, Fare Burgundo et autres. 5 p.

187 — Femmes célèbres, gravées et lithog. 29 p.

188 **Portraits** de Médecins et Représentants. 5 p.
lithog.

189 — Actrices : Mlle Georges — Adelina Patti —
Rachel. 3 p. gr. in-8.

190 — Députés : Barnave — Buzot. 2 portraits in-8
en couleur, par *Vérité*.

191 — Maupeou, Maurepas, Broglie, Pentièvre,
Mirabeau. 5 p. gr. in-8.

192 — Personnages de l'époque de la Révolution,
Empire et Contemporains. 60 p. grav. et lithog.
2 lots.

193 **Condamnés**. La Brinvilliers, DESSIN sanguine
par *Baudet*; La Voisin, caricature; Louvel,
Maingrat, Alibaud, etc., et pièces diverses.
14 p. in-8.

194 **Catalogues** de ventes, 1856 à 1859 — 1861 —
de la Jarriette et autres, 1861 — Parguez, 1861.
4 vol., dem.-rel. Il y a des annotations et des
prix.

195 — De Lasalle, Rebillot, Leroux de Lincy. —
Appendice et tables du catalogue Leroux de
Lincy. Vente du baron d'Henneville, Gilbert.
2 vol., dem.-rel. Des annotations et des prix.

196 — 4 Portefeuilles de la Collection.

Reçu de Mme Vignière la
somme de soixante quatre francs
soixante cinq centimes pour objets
vendus le 10 mai 1873.

Paris le 23 Mai 1873

Reçu de Monsieur Vignères la somme de

Quatorze francs 20 centimes pour 4 Lots vendus.

suivant Nos 324, 325, — Vente

Paris, le 16 Août 1873

Jules Springer

Buret (Grégoire), graveur.

J'ai reçu de M. Vigneret la
somme de douze francs trente centimes
pour un estampes vendues à la 31e et
32e Ventes.

le 6 Juin 1873.

Reçu de M. Vignères la somme de deux fran-
es 90 centimes frais déduits pour estampes vendues le
10 Mai 1873. (325e). Supplément
    Paris 24 Mai 1873
        Approuvé l'écriture « Deux »
            La Mésangère

Supplément Samedi 10 Mai à 4 heures

M. DELBERGUE CORMONT
Comre Priseur.
8, Rue de Provence,

Vente de   1873

			133	
Insertion au moniteur des Ventes	7	80		
Timbre du procès Verbal	1	80		
Enregistrement	3	35		
Déclaration	2	20		
Versement en bourse commune	4	20		
Honoraires du Comre Prr	4	20		
	23	55		
	6	65	16	90
	16	90	116	10
Notaire	23	..		
honoraires	6	65		
35 °/₀	46	55		

Pas de Salle, de Clerc, crieur, Commissionnaire ni de Distribution